Lib 48
1445
B

RELATION HISTORIQUE

DES

ÉVÉNEMENS FUNÈBRES

DE LA NUIT DU 13 FÉVRIER 1820,

D'APRÈS DES TÉMOINS OCULAIRES.

Par J. B. A. HAPDÉ,

Auteur du *Panache Blanc de Henri IV*, etc., etc.

SECONDE ÉDITION

Revue et augmentée de quelques notes.

PARIS,

Chez DENTU, au Palais-Royal.

Imprimerie de P.-F. DUPONT, Hôtel-des-Fermes.

1820.

AVIS.

Dans un ouvrage qui vient d'être publié sous le titre de *Mémoires pour servir à l'Histoire de la Maison de Condé, ou correspondance inédite du prince de Condé avec tous les souverains de l'Europe*, on trouve beaucoup de lettres *autographes*, de Monseigneur le duc de Berry, *l'une d'elles* offre le *fac simile* de S. A. R.; 2 vol. in-8°, chez l'éditeur, rue Neuve-des-Bons-Enfans, n° 34. Ce recueil est du plus haut intérêt.

PRÉFACE

Les grandes catastrophes sont le domaine de l'histoire ; mais ce n'est pas au moment même où elles viennent d'avoir lieu que l'on peut espérer les transmettre avec exactitude à la postérité. Les sens sont trop émus, les esprits trop agités ; les faits s'altèrent, les récits se contredisent, et le désordre de la pensée occasionne celui des détails. Tout s'accumule, tout s'entasse ; rien n'est classé, rien n'est précis.

Cette espèce de chaos, suite naturelle d'un bouleversement général, devient plus excusable encore, lorsqu'il a pour motif un horrible attentat, un crime atroce, qui couvre de deuil une nation entière et y répand la consternation. Ce n'est pas au milieu de la douleur publique, ce n'est pas surtout au milieu des larmes qu'il est possible de tracer fidèlement un tableau où figurent tant d'illustres personnages. *Lorsqu'on pleure, on voit trouble.*

Il a donc fallu laisser s'écouler quelques jours avant d'entreprendre la tâche pénible de soulever le crêpe funèbre qui couvrait la vérité.

Tous les journaux ont rendu compte du fatal événement dont l'Europe s'occupe aujourd'hui. Chacun d'eux a rapporté des circonstances différentes. La France et l'étranger n'ont donc encore qu'un précis incomplet ou inexact de faits d'une aussi haute importance, et j'ai pensé qu'une *Relation historique* établie sur des documens incontestables, d'après les déclarations de *témoins oculaires;* j'ai cru, dis-je, qu'une telle *relation*, offrant *heure par heure* tout ce qui s'est passé dans la plus effroyable des nuits, serait d'un vif intérêt et lu avec avidité (1).

Un recueil de cette nature m'a semblé en même temps ne devoir tourner qu'au *profit du malheur :* je déclare en conséquence que le produit de la vente de cette *relation* sera employé au soulagement des *pauvres*. Si les indigens perdent en cet excellent Prince un soutien, un père, ah! puissent-ils trouver encore, après son trépas quelqu'adoucissement à leurs regrets amers dans la publication de l'épouvantable événement qui leur enlève un bienfaiteur !

Note importante.

(1). Parmi les TÉMOINS OCULAIRES qui nous ont fourni ces funestes détails, se trouvent des *personnes attachées depuis long-temps au Prince;* plusieurs autres, *qui ne l'ont point quitté dans ces derniers momens,* et des *médecins qui ont prodigué à S. A. R. tous les secours de l'art.*

RELATION HISTORIQUE

DES

ÉVÉNEMENS FUNÈBRES

DE LA NUIT DU 13 FÉVRIER 1820.

Le dimanche 13 février 1820, on jouait *par extraordinaire* à l'Opéra (1). Le spectacle était long. S. A. R. Madame la duchesse de Berry avait passé la veille une partie de la nuit au bal brillant de M. de Greffulhe, pair de France (2). Dans l'entr'acte des *Noces de Gamache*, Monseigneur le duc de Berry croit s'apercevoir que son auguste épouse est fati-

---

(1) C'était le *dimanche gras*, on donnait le *Carnaval de Venise*, *le Rossignol*, et les *Noces de Gamache*.

(2) M. le comte de Greffulhe est mort, quelques jours après, d'une inflammation de poitrine, déterminée par la nouvelle de l'événement.

guée; il lui propose de se retirer : la Princesse accepte, et le Prince, lui donnant la main, la conduit jusqu'à sa voiture. Il était onze heures moins deux minutes.

Madame la duchesse de Berry était accompagnée de madame la comtesse de Bethizy, l'une de ses dames, et de M. le comte de Mesnard, son premier écuyer.

M. le comte de Clermont-Lodève, en sa qualité de gentilhomme d'honneur du Prince, le suivait à quelques pas, et M. le comte César de Choiseul, aide-de-camp de service, le précédait.

Pour peindre fidèlement, aux yeux du lecteur qui n'habite point la capitale, la scène affreuse dont nous allons être le véridique historien, il est nécessaire de faire connaître la position de l'édifice et l'endroit où cette scène sanglante a eu lieu.

L'Académie royale de musique est un bâtiment isolé, situé au milieu de quatre rues. L'entrée dite *des Princes* est dans la rue latérale à laquelle on a donné le nom du célèbre compositeur *Rameau*. L'équipage de Madame la duchesse de Berry venait de se placer devant cette entrée. La portière était ouverte : les gardes, sous le vestibule, et la sentinelle, en dehors, présentaient les armes. La jeune Princesse, suivie de madame de Bethizy, monte dans sa voiture; l'un des gens de Son Altesse Royale relevait le marche-pied, et le Prince, qui avait manifesté le désir de voir le dernier acte du ballet, se trouvait encore sous l'auvent qui domine ce portique. « *Adieu, Caroline,* dit-il, *nous nous reverrons bientôt.* » Son Altesse Royale se retourne pour rentrer au spectacle : tout-à-coup un homme, un monstre, s'appuyant fortement d'une main sur l'épaule gauche du Prince, lui porte avec violence un coup sous le sein droit, et s'enfuit.

L'assassin s'était glissé entre M. le comte de Mesnard, M. le comte de Choiseul et le factionnaire, qui, tous trois, entouraient Son Altesse Royale, auprès de la voiture. Cet horrible attentat fut commis avec une telle dextérité, une si incroyable promptitude, que personne n'eut le temps de s'opposer à la consommation du crime.

Je suis mort ! Je suis assassiné ! s'écrie le Prince. M. le comte de Choiseul, M. le comte de Clermont et la sentinelle voient le meurtrier prendre la fuite, volent sur ses traces ils dirige vers la rue de Richelieu à gauche. On le poursuit.

Au même instant, Madame la duchesse de Berry et madame de Bethizy s'élancent de la voiture, dont la portière n'était pas même encore fermée. Monseigneur le duc de Berry portant la main à sa blessure, y trouve le fer parricide : il le retire avec courage : le sang jaillit sur l'infortunée Princesse qui reçoit dans ses bras son époux défaillant (1).

Tandis que l'on s'occupait à procurer au Prince tous les secours possibles ; tandis que Madame la Duchesse cherchait à étancher le sang qui coulait avec une effrayante abondance; tandis que l'on portait Son Altesse dans le salon attenant à sa loge, l'assassin gagnait de vitesse tous ceux qui, attirés par les cris, *arrête ! arrête!* se précipitaient pour l'atteindre. Un jeune homme, vis-à-vis l'arcade Colbert, aperçoit le fuyard, fond sur lui et le prend au collet. Le factionnaire arrive le premier, un gendarme le second : le coura-

---

(1) Ce fer, de six à sept pouces de longueur, est une lame plate et étroite, à deux tranchans, très-acérés, excessivement pointue, et ayant un manche de bois fort court, semblable à celui d'un outil.

geux inconnu leur livre ce scélérat, que bientôt la foule entoure (1) : conduit au corps-degarde de l'Opéra, M. le comte de Clermont lui adresse le premier la parole et lui dit :

« *Monstre, qui a pu te porter à commettre un pareil attentat? — Ce sont les plus cruels ennemis de la France.* » Le comte, trompé par cette réponse, croit que le repentir va lui dicter des aveux : « *Qui donc, continue-t-il, t'a payé pour te rendre coupable d'un tel forfait? — Je n'ai été payé par personne,* » réplique le criminel arrogamment. Un autre interrogatoire fera connaître quels sont, aux yeux de ce nouveau Ravaillac, *les plus cruels ennemis de la France* !

On le fouille; on trouve sur lui la gaîne

---

(1) Le jeune homme qui parvint à l'arrêter s'appelle *Jean Paulmier*, né en Normandie, dans la commune de Blanville, département du Calvados, à huit lieues de Caen; il est employé comme garçon au café Hardy, boulevard des Italiens.

Le garde royal se nomme *Desbiez*; c'est un chasseur du quatrième régiment.

Le nom du gendarme, est *David*, maréchal-des-logis de la deuxième compagnie, premier escadron (*). (Les notes indiquées par des étoiles se trouvent à la fin.

du poignard qu'il avait laissé dans la blessure du prince, et un second stylet d'une forme différente, espèce de *poinçon* ou *tire-point*.

M. le comte de Clermont, que l'état de Son Altesse alarmait vivement, s'empresse de venir apprendre au Prince et à Madame la Duchesse que l'exécrable meurtrier est sous la main de la justice.

La pâleur de Son Altesse Royale inspirait les plus grandes inquiétudes.

Monseigneur le duc, Madame la duchesse, et Mademoiselle d'Orléans qui assistaient au spectacle, ayant été avertis de cet effroyable événement, s'étaient aussitôt rendus auprès du prince, et cherchaient, avec le plus noble intérêt, tous les moyens de coopérer aux soins touchans que la princesse prodiguait à son époux (1).

---

(1) Monseigneur le duc d'Orléans était avec toute sa famille à l'Opéra. Pendant un entr'acte, on avait vu le duc de Berry venir visiter LL. AA. et embrasser un de leurs enfans. Cette circonstance fut remarquée par le public avec un sensible plaisir. Le parterre même applaudit.

Déjà S. A. R. était confiée aux soins de deux hommes de l'art, MM. Blancheton et Drogart Voici la situation du Prince à la prompte arrivée du docteur Blancheton (1).

Onze heures et un quart.

Le Prince, frappé à la partie droite et supérieure de la poitrine, était assis dans un fauteuil. La face décolorée, couvert d'une sueur froide, Monseigneur le duc de Berry éprouvait une oppression toujours croissante; on remarquait dans le pouls une extrême faiblesse et de l'irrégularité.

Les docteurs Drogard et Blancheton reconnaissent la nécessité d'arrêter les progrès d'un épanchement qui n'était que trop accusé par l'ensemble de ces symptômes. Ils tentent de promptes diversions; le docteur Blancheton

---

(1) Le docteur Drogart, qui demeure en face du lieu où l'attentat fut commis, averti aussitôt par le concierge de l'Opéra et un gendarme, accourut en très-grande hâte, et le premier, *explora* la blessure de S. A. R. Il se disposait à pratiquer lui-même des saignées, lorsque parut le docteur Blancheton, amené par l'un des officiers de la Maison du Prince.

opère un léger *débridement* à la plaie, vers la partie la plus *déclive*, afin de faciliter la sortie du sang épanché et enlever un caillot qui s'y opposait. Le docteur Drogart pratique deux saignées au bras. MM. Lacroix et Caseneuve, arrivent successivement.

Pendant qu'on faisait les dispositions préparatoires, Madame la Duchesse, s'adressant au docteur Blancheton, en arrière de son auguste époux, le pressait de lui dire si cette blessure était mortelle : « *J'ai du courage,* » dit l'infortunée Princesse, *j'en ai beau-* » *coup; je saurai tout supporter, je vous* » *demande la vérité.* »

Toutefois, le docteur craint d'émettre sans réserve son opinion; il désire connaître aussi celle des premiers chirurgiens de la capitale, qui allaient bientôt se joindre à lui et aux hommes de l'art déjà réunis; il laisse au contraire percer quelque espoir, et dit à S. A. R. que l'absence du sang qui, dans les plaies graves de la poitrine, sort ordinairement par la bouche, pouvait être d'un augure favorable.

Les saignées s'effectuent; elles ont un faible

résultat. Le prince dit : « *Je suis perdu; vos
» efforts sont inutiles; le poignard est entré
» tout entier.* »

Monseigneur le duc de Berry pressent alors une fin prochaine, et veut, dans le plus bref délai, obtenir de la religion des secours plus efficaces que ceux qu'il peut attendre des hommes; M. le comte de Clermont, ce zélé serviteur, honoré depuis vingt ans de l'affection de S. A. R., vole au château. Au pied de l'escalier du pavillon Marsan, il rencontre le docteur *Bougon*, chirurgien de *Monsieur;* « Notre bon prince, dit-il avec la plus grande » émotion, vient de recevoir un coup de poi- » gnard à l'Opéra! allez en toute diligence, » je viens chercher ici M. l'évêque de Chartres. » Presqu'aussitôt M. le comte de Mesnard arrive aux Tuileries, avec la pénible mission d'annoncer à *Monsieur*, à *Madame* et à Monseigneur le duc d'Angoulême l'horrible attentat.

Madame et son illustre époux partent précipitamment, *Monsieur,* instruit, avec tous les ménagemens possibles par M. le duc de Maillé, de la fatale catastrophe, sort à l'instant même de ses appartements pour aller auprès de son fils (1).

Minuit.

M. Bougon est introduit ; MM. Thérin et Baron, quelques momens après. A peine M. Bougon a-t-il pris une exacte connaissance de la nature de la plaie, que, par l'un des plus beaux élans de dévouement, il applique sa bouche sur la blessure, afin d'attirer, par la succion, le sang au dehors. Le prince le repousse : « *Que faites-vous,* dit-il, *la bles-* « *sure est peut-être empoisonnée !* Noble sollicitude ! qu'il eût été bon Roi, celui qui, aux portes du tombeau, ne s'occupe que du danger que peut courir un Français en cherchant à lui sauver la vie !

---

(1) L'empressement de S. A. R. est tel, que le prince ne donne pas même le temps à son premier gentilhomme de l'accompagner. *Monsieur,* a peine monté dans une voiture qui se trouvait au bas du Pavillon Marsan, (celle de M. le comte Jules de Polignac), ordonne de fermer la portière. Cet ordre positif et répété, malgré les vives instances de M. le duc de Maillé, s'exécute à l'instant ; mais ce même ordre va séparer S. A. R. de celui qui ne l'a jamais quitté ; M. le duc de Maillé ne peut se résoudre à laisser partir, seul, le prince dans un moment où cet attentat est peut-être le signal de plusieurs autres, non moins horribles ; mille dangers éminens, mille présages sinistres, s'offrent à son esprit. Il conçoit l'idée, idée qu'un semblable motif rend sublime, de s'élancer derrière la voiture, et d'y prendre place au milieu des valets de pied !... trait unique, sans doute, et qui n'est pas moins honorable pour le gentilhomme qui l'a fait que pour le Prince qui sut l'inspirer.

M. Bougon substitue à ce moyen des ventouses, produites par la combustion de l'éther, et à l'aide du vuide qu'elles occasionnent, on obtient quelques onces de sang qui paraissent seconder l'effet des autres diversions. Monseigneur le duc de Berry profite de cet allégement pour s'entretenir avec M. l'évêque de Chartres.

D'heure en heure l'affluence augmente à l'Opéra. Ce jour, ou plutôt cette nuit était consacrée à de brillantes réunions ; ici se trouvaient des ambassadeurs, là des officiers généraux, de grands fonctionnaires, des personnes attachées à la Cour. M. le maréchal duc d'Albuféra donnait un bal magnifique, et ce fut chez lui, surtout, que le récit de l'événement parvint avec célérité. Mme la duchesse de Reggio embellissait cette fête, qui fut bientôt interrompue par son départ précipité, par celui de plusieurs personnes de marque, et, principalement, par la consternation que l'événement jeta dans cette nombreuse assemblée.

En très-peu de d'instans le foyer et les corridors de l'académie royale de musique se remplissent de tout ce que Paris possède de plus opulent et de plus distingué. On se pressait auprès du lieu où expirait lentement le malheureux Prince. La crainte, l'espoir qui s'échappaient tour-à-tour du *salon de douleur*, se communiquaient, d'un bout à l'autre du vaste édifice, avec une inconcevable vitesse ; on eût dit l'étincelle électrique ; tous les cœurs ressentaient à la fois la même commotion.

Monseigneur le duc de Bourbon, M. le duc de Richelieu, M. le vicomte de Chateaubriand, tous les ministres, une foule d'autres grands personnages viennent mêler leurs larmes à celles de la famille royale et des personnes de sa maison. M. Blancheton fait observer que le local est trop peu spacieux ; il propose de transporter S. A. R. dans la salle d'administration de l'Opéra ; un *lit de sangle* est dressé à la hâte (.

---

(1) Le destin a par fois des jeux cruellement bizarres ; le *coucher* sur lequel Son Altesse Royale a été placée est le même sur lequel elle reposa à l'époque de son arrivée en France. M. Grandsire habitait alors Cherbourg, où il remplissait les fonctions de garde-magasin de la marine, et fut le premier Français que le Prince embrassa au moment de son débarquement. M. le Préfet n'ayant point eu le temps de se procurer tout le mobilier nécessaire pour recevoir Son Altesse Royale et sa suite, invita M. Grandsire à lui prêter

M. le comte de Pradel, MM. Grandsire, secrétaire général, Viotti, frère du directeur de l'Opéra, à Londres en ce moment, mettent tout en usage pour procurer au Prince les soulagemens que réclamait sa déplorable situation (**).

Le duc de Berry étendu sur le lit, on a recours à de nouvelles saignées, mais cette fois, aux pieds ; elles donnent également peu de sang ; néanmoins leur résultat n'est pas entièrement négatif ; elles contribuent encore à diminuer l'étouffement du Prince (***).

Une heure du matin.

Le célèbre Dupuytren est annoncé ; M. le duc de Maillé avait été le chercher. M. Dupuytren trouve la blessure extrêmement dangereuse.

---

divers objets qu'il venait de recevoir de la capitale, et entre autres choses un lit neuf et complet. M. Grandsire, aujourd'hui secrétaire général de l'Opéra, avait fait transporter ce lit à Paris avec ses autres meubles ; le sort a voulu que M. Grandsire, qui loge à l'Opéra, prêtât les mêmes matelas, pour le Prince, et que le Prince y rendît le dernier soupir !....

Après une conférence qui a lieu dans une pièce voisine, entre tous les hommes de l'art appelés en cette funeste circonstance, il est décidé que l'on fera de nouvelles diversions par des frictions ammoniacées et des sinapismes. Les médecins rentrent dans le salon.

M. Dupuytren ne cache point à *Monsieur* qu'il n'existe plus qu'un seul moyen (moyen dont il ne peut garantir le succès); il propose de *débrider* encore la plaie, c'est-à-dire, de l'élargir pour donner au sang une plus prompte issue. *Monsieur* répond, dans l'excès de sa douleur : « Je me fie à votre zèle et » à vos talens : *Et à nos cœurs,* ajoute M. Du-» puytren. Le prince continuant : C'est un fils » qui m'est bien cher je l'abandonne à vos soins. »

Ce second débridement est beaucoup plus profond que le premier, opéré par le docteur Blancheton. M. Dupuytren introduit dans la blessure une mèche propre à favoriser la sortie du sang épanché.

MM. Dubois et Roux entrent en ce moment : ils assistent à cette douloureuse opération.

Le malheureux prince, trop bien convaincu lui-même de son incurable état, répète plusieurs fois à M. Dupuytren, en éprouvant avec un calme héroïque, les plus grandes souffrances : « *Je suis bien touché de vos « efforts ; mais ils sont superflus : ma blessure est mortelle.*

L'appareil, cependant, est bientôt inondé : le pouls et les forces de Son Altesse Royale semblent se relever un peu. La respiration est moins gênée ; Monseigneur le duc de Berry parle avec plus de facilité ; mais ces douces espérances s'évanouissent bientôt : le mal était au-dessus de toutes les ressources humaines.

Déjà le Prince avait demandé qu'on suppliât S. M. de se rendre auprès de lui : le Roi n'arrive pas, disait-il sans cesse, *je n'aurai pas le temps de solliciter la grâce de l'*Homme *qui m'a frappé !...*

Le désespoir de Madame la Duchesse s'augmentait à mesure qu'elle voyait s'affaiblir l'organe de son époux ; le Prince, la regardant avec attendrissement, la conjure de se ménager *pour l'enfant qu'elle portait dans son sein.*

Cette circonstance n'était encore que soupçonnée ; elle fait une impression bien vive sur tous ceux qui se trouvaient dans ce lieu d'angoisses et de désolation.

Quel tableau !.... et comment le peindre ! Un fils de France, l'espoir de la patrie, une race, une postérité de rois tout entière, expirant dans un seul être ! un fils de France assassiné sous les yeux de son auguste épouse, et sous ses yeux, descendant par degrés dans la tombe ! cette épouse, une princesse éplorée, les cheveux épars, son enfant dans les bras et ses vêtemens encore ensanglantés !.... un père, le premier héritier du trône, et dont l'âme paternelle est brisée, les yeux baignés de larmes et fixés sur un lit de douleur où déjà la mort promène sa faulx !... un frère, prince brave, magnanime, invoque à genoux l'Eternel au pied de ce lit funèbre ! La fille du roi martyr, toujours plus grande que les revers qui l'accablent, déploie dans cette terrible catastrophe et son héroïque énergie, et toutes les ressources d'une piété courageuse ! Nuit à jamais mémorable ! Des ministres de la religion, des ministres de l'État, des maréchaux, des hommes de l'art, des hommes de cour, des hommes du peuple (1);

---

(1) Nous entendons par *hommes du peuple* des ouvriers et autres salariés de l'Opéra qui allaient et venaient pour apporter tout ce dont on avait besoin,

plus d'étiquette, plus de gardes, tous les rangs confondus par une commune douleur, un morne silence qu'interrompaient seuls ces paroles, dignes d'un fils du grand Henri : « *Qu'il est cruel pour moi de mourir de la main d'un Français !* » Puis se retournant vers S. Ex. le marquis de Latour-Maubourg, le duc de Reggio, et quelques autres grands capitaines : « *Pourquoi n'ai-je pas trouvé la mort dans les combats au milieu de vous !...* »

O Girodet, ô Guérin ! et vous tous artistes fameux dont la France s'honore, saisissez vos pinceaux !....

Deux heures.

Une nouvelle consultation est jugée nécessaire : MM. Dubois, Dupuytren, Roux, Bougon, Blancheton, Baron et Thérin, se réunissent à cet effet. MM. Lacroix, Drogard et Caseneuve restent auprès de Son Altesse Royale : un premier bulletin avait été envoyé au Roi

---

et qui se firent remarquer par leur zèle et leurs larmes.

vers minuit : un second est rédigé pour Sa Majesté. Les médecins reconnaissent que l'état de Son Altesse Royale n'est plus susceptible d'amélioration; cependant ils déclarent qu'un troisième bulletin succédera à celui-ci, dès que la situation du Prince l'exigera.

Monseigneur le duc de Berry, qui recevait tant de témoignages de tendresse et d'amour de l'infortunée Princesse, avait encore une autre preuve, la plus forte peut-être, à obtenir de son cœur; il lui demande la permission de voir deux jeunes enfans nés en Angleterre, auxquels on sait que le prince prenait un bien vif intérêt.... « *Où sont-ils ?* s'écrie cette sen-
« sible et bonne princesse ; *je serai leur*
« *mère !* » On introduit quelques momens après ces deux innocentes et timides créatures (1); c'est la Princesse elle-même qui les prend par la main, dès qu'elles paraissent ; c'est elle qui les fait approcher du lit de leur..... de leur illustre protecteur ; c'est elle-même qui exige qu'elles embrassent MADEMOISELLE! puis,

---

(1). Deux charmantes petites filles, de huit à dix ans, environ.

aussi haut que les larmes qui la suffoquent peuvent le lui permettre : *Charles ! Charles !* répète-t-elle, *j'ai trois enfans à présent!*

Les deux petites filles se mettent à genoux ; des pleurs inondent leur visage : « *Soyez tou-« jours fidèles à la vertu,* leur dit le Prince. » Il leur adresse ensuite quelques mots en anglais, mais il éprouve de si vives souffrances qu'on éloigne les deux enfans.

Trois heures.

Le prince ne cessait de demander à voir le Roi, pour obtenir de sa bonté la grâce de celui qui venait de frapper l'arbre royal dans sa tige la plus féconde. Monseigneur le duc de Berry, présumant qu'il sera privé de cette consolation, tourne de nouveau toutes ses pensées vers la religion. *L'évêque,* dit S. A. R., *l'évêque :* M. de Latil s'approche. Le prince, après avoir écouté les paroles fortifiantes de ce respectable prélat, confesse à haute voix, en présence de sa famille et de tous les assistans, les fautes dont il se croit coupable : il fait cette confession avec une résignation exemplaire ; il pardonne à son meurtrier ; il demande pardon à

Dieu de ses offenses, et aux hommes, de celles de ses actions qui auraient pu les scandaliser. Hélas! si dans l'âge d'une bouillante jeunesse il commit quelques fautes, le ciel peut-il encore l'en punir dans un autre monde! ne les a-t-il point cruellement expiées avant de quitter celui-ci? Toutefois cette crainte seule l'agitait et occupait son esprit: « *Pensez-vous, ô mon* » *frère*, en s'adressant à Monseigneur le duc » d'Angoulême, *que le ciel me pardonnera* » *mes erreurs! — Comment le Tout-Puis-* » *sant vous priverait-il de sa miséricorde,* » répond S. A. R. en levant les mains vers la di- » vinité, *puisqu'il fait de vous un martyr?* »

M. le curé de Saint-Roch, que M. le comte de Clermont avait été chercher, administre à Monseigneur le duc de Berry les secours de l'Eglise. Ici l'on s'incline, là on s'agenouille, le plus grand recueillement, les plus ferventes prières président à cette céleste cérémonie qui ouvre toutes les voies de réconciliation entre l'Être suprême et le pécheur. « *Ah!* » s'écrie Madame la duchesse, *je savais bien* » *que cette belle âme était née pour le ciel et* » *qu'elle y retournerait.* »

Un tableau non moins touchant succède à

ce dernier, celui où le véritable descendant de Saint-Louis veut bénir sa fille. Madame la Duchesse la lui présente; tout le monde essuie ses larmes et cherche à étouffer ses sanglots pour ne rien perdre de cette scène patriarcale. Le prince lève avec beaucoup de peine ses mains défaillantes sur la tête de *Mademoiselle :* « *Pauvre enfant!* dit-il, *je souhaite que tu sois moins malheureuse que ceux de ma famille !.....* »

Tandis que tout cela se passait, l'assassin, conduit dans l'un des bureaux de l'administration de l'Opéra, subissait un interrogatoire, non loin de son auguste victime. Cet interrogatoire eut lieu dans les formes légales; l'assassin fut questionné par LL. Exc. le comte Decazes, le comte Anglès, et par M. Jacquinot-Pampelune, en présence de S. E. le baron Pasquier et de M. Bellart.

Voici le précis de cet interrogatoire, extrait du journal *des Débats :*

Demande. Qui vous a porté au crime que vous venez de commettre ?

Réponse. Mes opinions, mes sentimens.

D. Quels sont ces opinions, ces sentimens ?

R. Mes opinions sont que les Bourbons sont

des tyrans, et *les plus cruels ennemis de la France.*

D. Pourquoi, dans cette supposition, vous êtes-vous attaqué de préférence à Monseigneur le duc de Berry ?

R. Parce que c'est le plus jeune de la famille royale, et celui qui semble destiné à perpétuer cette race ennemie de la France.

D. Avez-vous quelque repentir de votre action ?

R. Aucun.

D. Avez-vous quelque instigateur, quelque complice ?

R. Aucun (1).

(.) Après cet interrogatoire, auquel assista aussi M. le baron Lainé, lieutenant-colonel de la gendarmerie, l'assassin fut confié à cet officier supérieur et conduit dans la voiture même de M. le Préfet de police, sur l'ordre de Son Excellence, à l'hôtel de M. le comte De cazes; M. le capitaine Volff, qui commandait le détachement de service à l'Opéra, monta avec l'assassin, dans la voiture. M. le baron Lainé donna l'ordre à l'escorte de charger ses armes. Vers trois heures trois quarts du matin, le lieutenant-colonel Lainé remit *Louvel* entre les mains des officiers de paix de service et se retira avec ses gendarmes. *Louvel* resta jusqu'à huit heures du soir au ministère de l'intérieur, et on le transféra de là, à la conciergerie.

Quatre heures.

Toute l'attention des médecins se porte vers les moyens de calmer de vives douleurs nerveuses, qui se manifestent tout à coup chez le Prince à l'épigastre et au cerveau. L'on ordonne les anti-spasmodiques. Mais en même temps ces sinistres symptômes provoquent une troisième conférence et la rédaction du dernier bulletin. Ce bulletin, commençant par ces mots : « Le Prince touche à ses derniers momens, » est remis à S. E. le comte Decazes, qui avait porté les deux précédens à Sa Majesté. Son Excellence part sur-le-champ.

Une soif continuelle, et que l'on apaisait un peu, avec de l'orangeade, s'accroît en même temps que les angoisses : « *Je souffre horri-*
» *blement!* répétait Monseigneur le duc de
» Berry; *ah! que la mort arrive lente-*
» *ment!...* » Ces exclamations étaient déchirantes pour tout le monde, mais elles venaient encore accabler la Princesse, S. A. R. *Monsieur,* et l'auguste famille. Au bout d'un assez long silence : « *Chère Caroline,* dit-il, en
» cherchant la main de Madame la Duchesse;

» assise et gémissant près de lui, *le 13 est*
» *une date bien fatale pour nous.* » Infortunée Princesse ! quels nouveaux sujets de désolation! quelles époques constamment funestes (1) !

Le prince auquel on déguisait vainement sa situation, demande M. le comte de Nantouillet, qui, depuis trente ans, est le premier officier de sa maison. En le voyant, cet excellent Prince s'exprime en ces termes. « *Venez,* » *mon vieil ami, je veux vous embrasser* » *avant de mourir.* » M. de Nantouillet ne peut répondre qu'en se jetant aux pieds du Prince et en les arrosant de ses larmes.

S. A. R., après avoir fait aussi les plus touchans adieux à ses aides-de-camp, laisse connaître ses généreuses intentions envers les personnes qui étaient attachées à son service. Il les recommande toutes à son illustre père.

---

(1) C'est le 13 juillet 1817 que madame la duchesse de Berry est accouchée d'une fille, qui n'a point vécu. C'est le 13 septembre 1818 qu'elle a fait une fausse-couche d'un garçon qui a existé deux heures. C'est le 13 février 1820 qu'un assassin lui ravit un époux.

Cinq heures.

On annonce le Roi.

A la vue du Monarque, Monseigneur le duc de Berry semble retrouver quelques forces : tel est le premier usage que ce Prince magnanime en fait : « *Grâce, Sire*, dit S. A. R. » d'une voix déjà presqu'éteinte, *grâce pour* » l'homme *qui m'a frappé !* » Voilà ses *propres expressions*. C'est toujours ainsi qu'il eut l'admirable générosité de nommer son assassin : « *Je vous en conjure, Sire, grâce* » *au moins de la vie pour* l'homme......... »

S. M. répond avec la plus profonde affliction : « *Mon fils, vous vous rétablirez, nous* » *en reparlerons ; ne songeons qu'à vous.* »

Quelles paroles viennent frapper l'oreille du Monarque ! entendre parler de *clémence* après un semblable forfait ! Ah ! plutôt, dut-il être surpris ? c'était un langage de famille !

Les douleurs augmentent ; le prince parle plus rarement ; on partageait ses souffrances sans pouvoir les adoucir. « *J'ai interrompu* » *votre sommeil, mon oncle,* dit-il au roi. »

Le nom de *Caroline* était celui qu'il prononçait toujours : *Mon cher Charles !* répondait la princesse, de l'accent le plus tendre, et ses pleurs coulaient encore.

Six heures.

Les médecins qui voyaient à chaque minute s'approcher le moment fatal, pressaient avec les plus vives instances S. M. de s'éloigner. « *Je ne crains pas le spectacle de la mort,* » répondit le Roi, *j'ai un dernier soin à* » *donner à mon fils!*

Les sanglots, les marques du plus affreux désespoir redoublaient dans cette triste enceinte, et l'état de Madame la Duchesse ne pourrait ni se peindre, ni se décrire.

Sous le prétexte de laisser un peu de repos au Prince, on l'invite à passer avec *Madame* dans une pièce voisine ; l'infortunée Princesse s'y refuse.

On s'aperçoit que le Prince va rendre le dernier soupir. A un signe du Roi, Madame la Duchesse qui résiste à toutes les prières, est entraînée par les dames de sa maison : bientôt, malgré leurs généreux efforts, elle revient vers son époux.

Le Roi, avec la plus vive émotion, la remet entre les mains de l'illustre *Orpheline du*

Temple. Que dis-je ? de l'ange de consolation !... Dans les bras de Madame, son courage se ranime; son cœur est déchiré, mais ses larmes s'arrêtent. L'héroïsme aussi a donc un contact !

La Princesse jette encore un regard vers l'auguste victime, puis obéit à l'ordre de Sa Majesté, avec cette noble et courageuse résignation qui appartient à la fille d'un souverain.

C'est alors que Madame la duchesse d'Angoulême passant avec S. A. R. au pied du lit de souffrance, s'arrête, et d'une voix assurée, adresse au duc de Berry ces paroles, qui produisent sur l'auditoire une grande sensation : *Courage, mon frère! mais si l'Éternel vous appelle à lui, dites à mon père qu'il prie pour la France et pour nous.*

L'étouffement avait fait des progrès sensibles, les intermittences du pouls se prolongeaient; le Prince laisse comprendre qu'il veut parler encore. Le docteur Blancheton le soulève un peu. S. A. R. cherche à joindre ses mains; elle veut les élever vers le Ciel, et prononce ces mots qui furent les derniers : *O France !... malheureuse patrie !...* Mgr. le duc de Berry, tombe alors dans un état complet d'agonie.

L'absence de presque tous les signes extérieurs de la vie, détermine M. Dupuytren à s'assurer si le Prince respire encore. Il place devant la bouche de S. A. R., la tabatière du Roi. Cette épreuve ne paraît pas suffisante; un miroir est apporté. Au moment où le docteur Blancheton va en faire usage, la voix et l'aspect de la Princesse l'arrêtent; aussitôt il soustrait à ses yeux ce miroir.

Madame la duchesse de Berry qu'on veut en vain retenir plus long-temps dans la pièce contiguë, est attirée par une inspiration soudaine, effet sans doute de cette inexplicable sympathie des âmes unies par le ciel : elle repousse tout ce qui l'entoure. « *Laissez-moi! laissez-moi!* s'écrie-t-elle, *je veux le voir, il est à moi! Laissez-moi! je l'ordonne!*......; en un instant, elle a franchi l'espace; elle s'est fait un passage et se précipite à genoux contre le lit du prince, saisit une de ses mains : Grand Dieu! cette main, cette main est *froide!!! Ah! Charles n'est plus*, dit-elle, poussant un cri terrible!!! Dans le délire du désespoir, elle baise mille fois, elle arrose de ses larmes cette main inanimée. On cherchait à arracher Madame la Duchesse à cette affreuse position;

le Roi lui-même la pressait de s'éloigner, quand tout-à-coup, elle se relève debout, les bras roides et tendus vers le ciel, les mains tremblantes, les yeux égarés; la Princesse, oubliant dans son trouble extrême que les destinées de la France reposent peut-être dans ses entrailles, que peut-être un Bourbon est déjà dans son sein: « *Sire*, s'écrie-t-elle, *Hé* » *bien oui, je suis votre Majesté ; mais je* » *lui demande en grâce la permission de me* » *retirer à l'instant avec ma fille auprès de* » *mon père.* » Puis elle tombe aux pieds du Roi. Tant de douleurs, tant de secousses, tant de larmes, avaient enfin épuisé ses forces; MM. Bougon et Baron conduisent, ou plutôt portent l'auguste veuve jusqu'à sa voiture.

Le Roi prenant alors le bras de M. Dupuytren, s'approche du lit, ferme les paupières de S. A. R. et lui adresse un dernier adieu. Ce fut le signal de nouveaux sanglots et d'une désolation qui bientôt franchit l'enceinte et se communiqua jusqu'à l'extérieur: là, une foule immense avait passé la nuit entière sous les fenêtres d'un édifice où le plus noir, le plus effroyable attentat venait de transformer le temple des muses en un séjour de désespoir et de mort.

Charles Ferdinand, duc de Berry, né le 24 janvier 1778, expira le 14 février 1820, à six heures 35 minutes du matin. On peut écrire sur sa tombe : « Il est mort en chrétien, en Français, en *Bourbon*, il a pardonné. »

L'auguste veuve partit pour son palais accompagnée de MADAME, de Madame la Duchesse et de Mademoiselle d'Orléans : de Madame la duchesse de Reggio ; de Mesdames les comtesses de Bethizy, de Gontaud, gouvernante de MADEMOISELLE, et de M. le comte de Mesnard.

Le Roi et les Princes retournèrent successivement aux Tuileries.

Le corps de feu Monseigneur le duc de Berry fut transporté à 7 heures du matin au Louvre, dans la même voiture qui, la veille, avait amené Son Altesse Royale à l'Opéra.

M. le comte de Nantouillet, M. le comte de Clermont-Lodève, fondant en larmes, et M. Lacroix, accompagnèrent sa dépouille mortelle.

Des gardes du Roi escortèrent la voiture funèbre. On déposa provisoirement les restes inanimés du Prince dans les appartemens de M. le marquis d'Autichamp, gouverneur de ce palais.

C'est au Louvre aussi, que *Henri IV* fut conduit, après qu'on l'eut assassiné, rue de la Ferronnerie.

Il est difficile de se faire une idée des preuves de dévouement données à la personne du Prince pendant cette épouvantable nuit. Les efforts des hommes de l'art furent incroyables. Le zèle des dames, des officiers et des gens de la maison du Prince, sans égal. Toutes les personnes attachées à l'Opéra, rivalisèrent de prévenances et d'activité. Ah! si les connaissances médicales, si l'attachement, si les soins, si les larmes, si le désespoir, suffisaient pour arracher un bon Prince au trépas, BERRY vivrait encore !

Arrivée à l'Elisée-Bourbon, la malheureuse Princesse voulut se rendre dans l'appartement du prince. Une glace vient à lui montrer le désordre de sa belle chevelure : « *Voilà*, « s'écrie-t-elle, *les cheveux que ce pauvre* « *Charles aimait tant!* »Aussitôt elle prend, dans un nécessaire, une paire de ciseaux et les coupe elle-même. L'instant où elle saisit

des ciseaux inspira beaucoup d'effroi aux personnes qui l'entouraient; on suivait ses moindres mouvemens. Madame la Duchesse remet ses longs cheveux à Madame la comtesse de Gontaud, et prononce ces mots : « *Prenez-les :*
» *un jour vous les donnerez à ma fille, en*
» *lui disant que sa mère les coupa le jour*
» *où son père a péri.* »

Un moment après, la Princesse aperçoit les cheveux qui ornaient encore son front; elle les coupe aussi : « *Donnez ceux-là*, ajoute-t-elle, *aux dames de ma maison; qu'en*
» *les voyant elles se rappellent mon mal-*
» *heur!* »

Bientôt S. A. R. sent qu'elle ne peut rester dans un lieu qui lui retrace tant de souvenirs :
» *Non, dit l'infortunée Duchesse, je n'ha-*
» *biterai pas plus long-temps un séjour*
» *où je fus si heureuse! Je veux aller à*
» *Saint-Cloud.* »

On représente à Madame la Duchesse que les préparatifs nécessaires pour la recevoir doivent indispensablement se prolonger jusqu'à l'après-midi; alors elle se décide à passer dans son propre appartement. Ses yeux se portaient sur de petits tableaux que le prince aimait beaucoup ; elle les ôtait, les replaçait, allait et venait sans motifs, regardait et ne voyait point ; ses ordres, ses paroles, étaient sans suite : des soupirs continuels et pas une seule larme; elle restait long-temps immobile devant le berceau de MADEMOISELLE, le seul être qui ne souffrait point dans ce palais! cette espèce d'égarement alarmait tous ceux qui se trouvaient auprès de la Princesse : on craignait une aliénation mentale ; une grande abondance de pleurs soulagèrent enfin cette âme généreuse, sensible, et que tant d'infortunes venaient de déchirer dans cette affreuse nuit.

LL. AA. Madame la duchesse et Mademoiselle d'Orléans ne quittèrent point un moment l'auguste veuve; leurs soins assidus furent au-dessus de tous les éloges.

Madame la Duchesse reçut dans la matinée les visites de condoléance de *Madame* et de tous les princes de la Famille Royale.

A sept heures du soir, *Madame* arriva et emmena la Princesse, qui partit pour Saint-Cloud, accompagnée de M. le duc de Levis, de M. le comte de Mesnard, de Mesdames la duchesse de Reggio, et comtesses de Gontaud et de Lauriston ; Madame de Bethizy, gravement indisposée, ne suivit point S. A. R.

Ce récit ne peut être terminé sans parler du tableau déchirant qu'offrait l'intérieur du palais du Prince ; des larmes, une consternation générale faisaient assez connaître combien ce bon Prince était adoré de tout ce qui l'entourait. Eh ! comment ne l'aurait-il pas été, celui dont nous allons rappeler quelques-uns de ces traits qui caractérisent si bien la bonté, la grandeur d'âme et la bravoure !

———

Le Prince passa plusieurs années à Londres, d'où il faisait de fréquens voyages à Hartwel. Enfin il eut le bonheur de toucher la terre natale en 1814. Il débarqua à Cherbourg le 13 avril (1), et en posant le pied sur le sol de la patrie, il s'écria : « Je te revois, *chère France !* mon cœur est plein des plus doux sentimens ;

———

(1) Encore un rapprochement étrange, il fut assassiné cinq ans et dix mois après ce débarquement le treize février.

nous n'apportons que l'oubli du passé, la paix et le désir du bonheur des Français. » Sur la route de Cherbourg à Bayeux, il recueillit les plus touchans témoignages de l'amour des peuples. Heureux de leurs transports, il ne pouvait répondre à leurs acclamations que par ces mots : *Vive les bons Normands!*

— Une des personnes qui lui furent alors présentées, et qui avait autrefois servi sous ses ordres, s'étant approchée du prince en disant : Serai-je assez heureux, Monseigneur, pour être reconnu de votre Altesse Royale ? — Si je vous reconnais, mon cher S.... lui répondit le Prince en s'approchant de lui et écartant ses cheveux, ne portez-vous pas sur le front la cicatrice d'une blessure honorable que vous avez reçue à la bataille de..... ?

— Aux environs de Saint-Lo, quelqu'un conseillait au Prince de prendre une route détournée pour éviter la rencontre d'un régiment de cavalerie qui avait refusé de reconnaître l'autorité du Roi : « En me jetant au » milieu des Français, répond S. A. R., je » puis peut-être trouver à combattre; mais je » n'y trouverai jamais un assassin ! » Et il marche droit au régiment : « Braves soldats, leur dit-il, je suis le duc de Berry. Vous êtes le premier régiment français que je rencontre; je suis heureux de me trouver au milieu de vous. Je viens, au nom du Roi mon oncle, recevoir votre serment de fidélité. Jurons ensemble et crions *vive le Roi!* » Les soldats répondent à cet appel. Une seule voix fait entendre le cri de *vive l'empereur!* « Ce n'est rien, dit S. A. R., c'est le reste d'une vieille habitude; répétons encore une fois *vive le Roi!* » et alors il y eut unanimité.

— Le duc de Berry signala son arrivée à Caen en faisant mettre en liberté plusieurs prisonniers détenus, depuis deux ans, pour une prétendue révolte occasionnée par la disette; le lendemain, on donna au théâtre *la Partie de Chasse de Henri IV* : S. A. R. y assista; le maire de la ville eut l'heureuse idée de faire venir ces pauvres gens sur le théâtre, et au lever de la toile on les vit à genoux, avec leurs femmes et leurs enfans, levant leurs bras vers le Prince et le bénissant. Des traits semblables accompagnèrent la marche de ce Prince jusqu'à Paris. Arrivé aux Tuileries, il courut se jeter dans les bras de son auguste père, et se retournant vers les maréchaux qui étaient pré-

sens : « Permettez que je vous embrasse aussi,
» leur dit-il, et que je vous fasse partager tous
» mes sentimens. »

— Dès son retour à Paris, il chercha à gagner les cœurs des militaires. Il visitait les casernes, se mêlait avec les soldats, conversait avec leurs chefs, et laissa en diverses circonstances échapper des mots heureux, publiés alors dans tous les journaux. Un jour il disait au général Maison : « Nous commençons à nous connaître, quand nous aurons fait ensemble quelques campagnes, nous nous connaîtrons mieux. »

— A Fontainebleau, il passait la revue d'un régiment de la vieille garde dont quelques soldats témoignaient avec franchise en sa présence un peu de regret de ne plus combattre sous Bonaparte. « Que faisait-il donc de si merveilleux, leur dit S. A. R. ? — Il nous menait à la victoire, répondent les soldats. — Cela était bien difficile, réplique le prince, avec des hommes tels que vous ! »

— Un militaire blessé à la bataille de *Mont-Saint-Jean* a rapporté que M. le duc de Berry l'avait pansé *lui-même*, et qu'enveloppant sa main d'un mouchoir, S. A. R. s'était exprimée ainsi : « Va, mon ami, rentre dans

« ta patrie, et dis à tes camarades que c'est le
» duc de Berry qui a mis le premier appareil
» sur ta blessure. » Ce brave soldat préférerait la mort, disait-il ces jours derniers, à la perte de ce mouchoir.

— M. le duc de Berry se rendait il y a quelque temps à Bagatelle, dans un cabriolet : en traversant le bois de Boulogne, il aperçut un enfant chargé d'un panier dont le poids excédait ses forces. Il arrête son cheval, questionne le petit paysan : *Mon père m'envoie à la Muette porter ce panier qu'on attend. — Mais il paraît bien lourd ce panier, il te fatigue. — Dam, sans doute, mon bon Monsieur, mais c'est égal. — Donne-le-moi*, répond le Prince, *je le remettrai en passant. — Vous êtes bien bon, ce n'est pas de refus* : le Prince fait mettre le panier dans son cabriolet, passe à la Muette, remet le panier à sa destination; il revient sur ses pas, descend chez le père de l'enfant, et lui dit : *J'ai rencontré ton fils, il ployait sous le faix dont tu l'avais chargé; je l'ai aidé, son panier a été remis tout-à-l'heure. Une autre fois épargne-lui tant de peine; des fardeaux si lourds altéreraient sa santé, tu l'empêcherais de grandir. Tiens achète-lui un âne qui portera ses paniers.* Son Altesse Royale remet une bourse au paysan, remonte en cabriolet et reprend la route de Bagatelle.

— Une superbe galerie de tableaux venait d'être mise en vente à Anvers ; le consul de France eut l'honneur d'en avertir Monseigneur le duc de Berry. Ce Prince lui répondit d'abord qu'il le chargeait de choisir lui-même ce qui lui paraîtrait mériter son attention ; le consul s'en excusa, et lui demanda une personne de confiance pour faire un choix. Quelque temps après, Son Altesse Royale lui fit cette réponse : « Mon cher M. Despalières, j'ai réfléchi à votre proposition, et j'ajourne l'emplète ; dans un temps où mes pauvres appellent toute ma sollicitude, je me reprocherais d'acheter si cher un plaisir dont je puis me passer. »

— Chaque jour était marqué par de nouveaux bienfaits. Chaque genre de malheur trouvait sa consolation auprès du duc de Berry. Que d'aumônes il a versées dans le sein des pauvres ! Que de malheureux serviteurs du Roi il a soulagés ! Les établissemens publics de bienfaisance s'honoraient d'être placés sous sa protection. Les hospices lui devaient des secours, les sociétés philantropiques des encouragemens. Aucune bonne œuvre ne s'est faite à Paris depuis quatre ans que Monseigneur le duc de Berry n'y ait pris part. Les malheurs publics, les disettes, les incendies, tous ces grands fléaux que la Providence semble avoir multipliés dans les derniers temps pour exercer la charité des grands de la terre, l'ont trouvé digne de lui-même. Partout il a prodigué le fruit de cette sage économie qu'il avait su mettre dans sa maison : cette économie était admirable ! il a su l'inspirer même aux gens de sa maison.

On sait qu'il existe depuis quelque temps, à Paris, une *caisse d'épargne* pour les artisans et les domestiques; S. A. R., afin d'engager ses serviteurs à y placer le fruit de leurs économies, *doublait,* de sa cassette, la somme que chacun d'eux versait par mois dans cette caisse; ainsi donc, tel qui ne pouvait épargner que 12 francs, se trouvait en avoir 24 à la masse; et ainsi de suite, progressivement.

Voilà le Prince dont la France entière déplore la perte. En lisant les traits dont il orna sa vie, ne serait-on pas tenté de croire que, toujours prêt à mourir, il voulut tracer d'avance son *Oraison funèbre*.

NOTES SUPPLÉMENTAIRES.

Pour ne point ralentir la marche des événemens principaux, différens détails ont été transportés ici.

(*) Le maréchal-des-logis David, *nous a affirmé* être arrivé au même moment que le chasseur Desbiez. Desbiez a saisi *Louvel*; et David, Paulmier et *Louvel* à la fois : *Ce n'est pas moi qui suis coupable*, s'écriait l'assassin ; et de son côté *Paulmier* disait : *Moi je suis innocent ; c'est lui* (montrant *Louvel*) : Marchez tous les deux, repliqua David : *à la nuit tous les chats sont gris.* Ce sont ses propres paroles.

Pendant ce colloque, Desbiez assurait tenir le meurtrier, qu'il n'avait pas perdu de vue ; bien que déjà culbuté par *Louvel*, à l'instant de sa fuite, il fût tombé sur une borne en s'élançant sur ses pas.

Les deux autres gendarmes, qui suivirent immédiatement le maréchal-des-logis David et saisirent *Louvel* sont, *Lavigne*, de la première compagnie, et *Baland* de la troisième.

L'assassin et Paulmier étant également mis en mains sûres par David, ce dernier se porte aussitôt sur le lieu où le crime venait d'être commis, afin de se procurer les renseignemens nécessaires sur la nature du délit ; déjà une trentaine de personnes entouraient la voiture du Prince, et obstruaient l'entrée du vestibule gardée par deux factionnaires.

Monseigneur le duc de Berry se trouvait assis sur une banquette, à droite, la tête appuyée contre le mur, soutenu d'un côté, par Madame la Duchesse, de l'autre par un valet de pied. Le Prince était mourant!

David, à l'aspect de Son Altesse Royale, s'adresse à la foule, demande instamment qu'on lui enseigne le médecin ou le chirurgien le plus voisin : au même moment, M. Drogard qui accourait, entre sous le vestibule.

David et un valet de pied prennent le Prince par-dessous les cuisses et le montent dans le salon qui précède sa loge ; là, M. Drogard cherche à connaître l'état de la blessure qu'on n'apercevait point. David, sur l'ordre de la Princesse, déboutonne l'habit et le gilet de S. A. R., et déchire sa chemise : alors l'affreuse plaie apparaît : la poitrine et le ventre du Prince étaient inondés de sang. Quel épouvantable spectacle pour Madame la Duchesse!...... David resta auprès du Prince jusqu'à ce qu'on le vint appeler pour confier Louvel à sa surveillance particulière.

On remarqua aussi, auprès du Prince, le capitaine Volff qui commandait le détachement de service à l'Opéra. Ce brave officier fit preuve d'un grand zèle et d'un dévouement absolu.

Un fait des plus étranges est celui-ci. Ces événemens s'étaient passés si rapidement, et si peu de personnes en avaient connaissance, qu'on les ignorait totalement sur le théâtre de l'Opéra; de telle sorte que le second acte du ballet n'étant point interrompu on entendait à la fois dans ce salon et les sons animés de l'orchestre et les gémissemens d'un Prince expirant! Il y a plus; à travers un large carreau on voyait, sur la scène, les danses s'exécuter, tandis qu'ici, un fils de France luttait contre la mort! jamais semblable contraste n'a existé!!!......

(**) M. Courtin, administrateur de l'Académie royale de musique, s'empressa aussi de donner les premiers soins; mais engagé, comme plusieurs autres personnes, à se retirer pour ne point gêner le Prince, dont on annonçait, en ce moment, la situation meilleure, il se rendit à cette invitation et s'éloigna, persuadé que la vie de S. A. R. n'était plus en danger.

(***) M. le duc d'Angoulême, en arrivant, s'élança sur le corps de son auguste frère et baisa plusieurs fois la plaie qu'il ignorait alors n'être pas empoisonnée; trait bien digne, sans doute, d'être consigné.

— M. le lieutenant-colonel Lainé, dont on connaît la vigilance infatigable, s'était trouvé à l'arrivée du Prince à l'Opéra; toujours accompagné d'un ou de deux gendarmes, sa présence arrêta peut-être le bras de l'infâme *Louvel* à huit heures du soir : si le Prince et la Princesse eussent assisté au spectacle jusqu'à la fin, il est probable que ce jour-là, l'assassin n'aurait point exécuté son horrible projet; le baron Lainé, qui avait à visiter trente-deux postes, ayant fait ses dispositions pour être de retour avant la sortie de l'Opéra, arriva en effet dix minutes après l'événement; au surplus, que peuvent toutes les suppositions, toutes les précautions, contre la destinée?

—Pendant toute la nuit, ce fut M. le baron Christophe, colonel de la Gendarmerie, et que le Prince honorait d'une affection particulière, qui prit toutes les mesures nécessaires pour veiller à la sûreté de la Famille Royale et au maintien du bon ordre.

AUTOPSIE *du corps de feu Son Altesse Royale, le mardi* 15 *février à quatre heures après midi, au Louvre.*

Appelés pour procéder à l'ouverture du corps de son Altesse royale, les hommes de l'art ont *observé*,

1° A l'extérieur, une plaie de deux pouces, à la partie supérieure et latérale droite de la poitrine ; cette plaie, primitivement d'un pouce, avait été agrandie par le *débridement*.

2° Plus profondément, une ouverture au cinquième espace *intercostal;*

3° La partie inférieure du poumon droit, traversée;

4° Le *péricarde* percé, contenait une once et demie de sang coagulé et non coagulé;

5° Deux ouvertures correspondantes, à l'oreillette droite du cœur;

6° Une piqûre à la superficie du centre *aponévrotique* du *diaphragme* où le poignard s'était arrêté.

La poitrine contenait deux livres de sang.

Toutes les dimensions d'un instrument qui a été présenté, long de six pouces, plat sur ses deux faces opposées, tranchant des deux côtés, très-aigu, parurent s'accorder avec toutes les *dimensions* de la plaie.

Ainsi, le poignard a été dirigé obliquement de dehors en dedans, et d'avant en arrière ; il est entré tout entier dans la poitrine.

(*Cette note nous a été transmise par le docteur Drogart, présent à l'*AUTOPSIE.*)*

FIN.

www.ingramcontent.com/pod-product-compliance
Lightning Source LLC
LaVergne TN
LVHW021711080426
835510LV00011B/1717